Mi hogar

escrito por Tammy Jones
adaptado por Paul Leveno

Palabras ilustradas

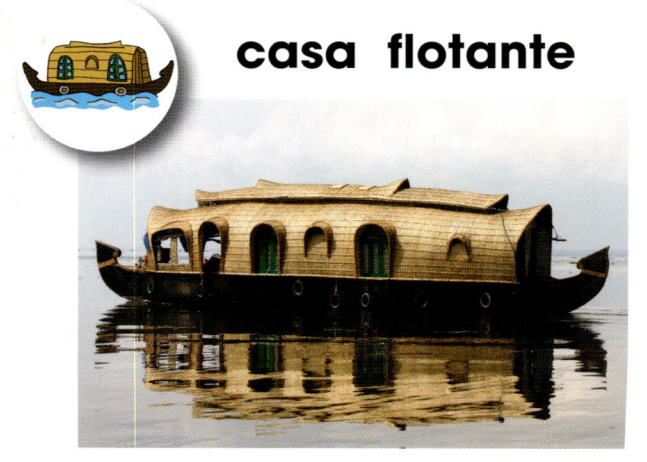

carpa

casa

casa flotante

departamento

iglú

Palabras reconocibles

mi

mira

Mira mi 🏠 .

casa

5

Mira mi 🏢.

departamento

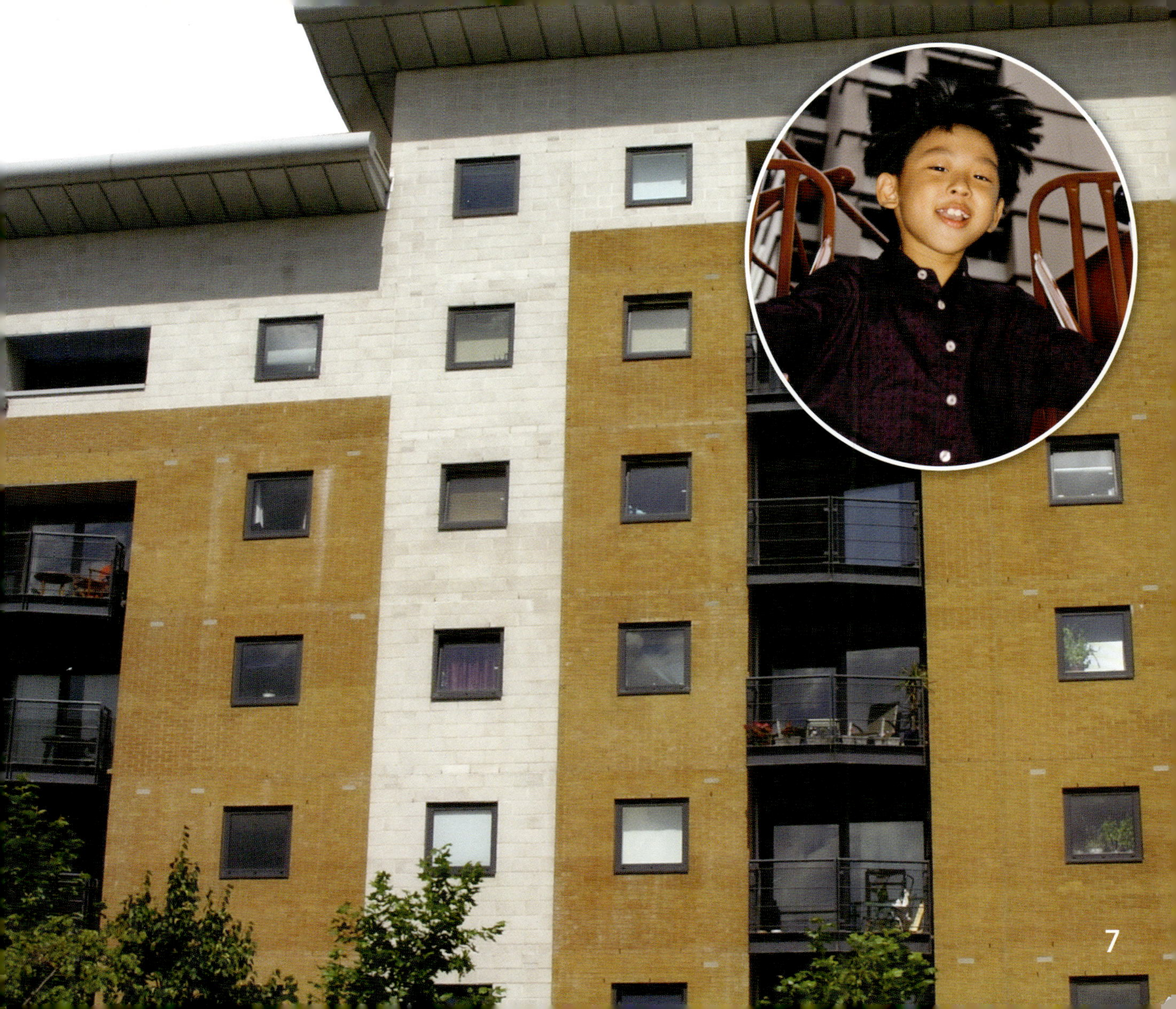

Mira mi 🛶.
casa flotante

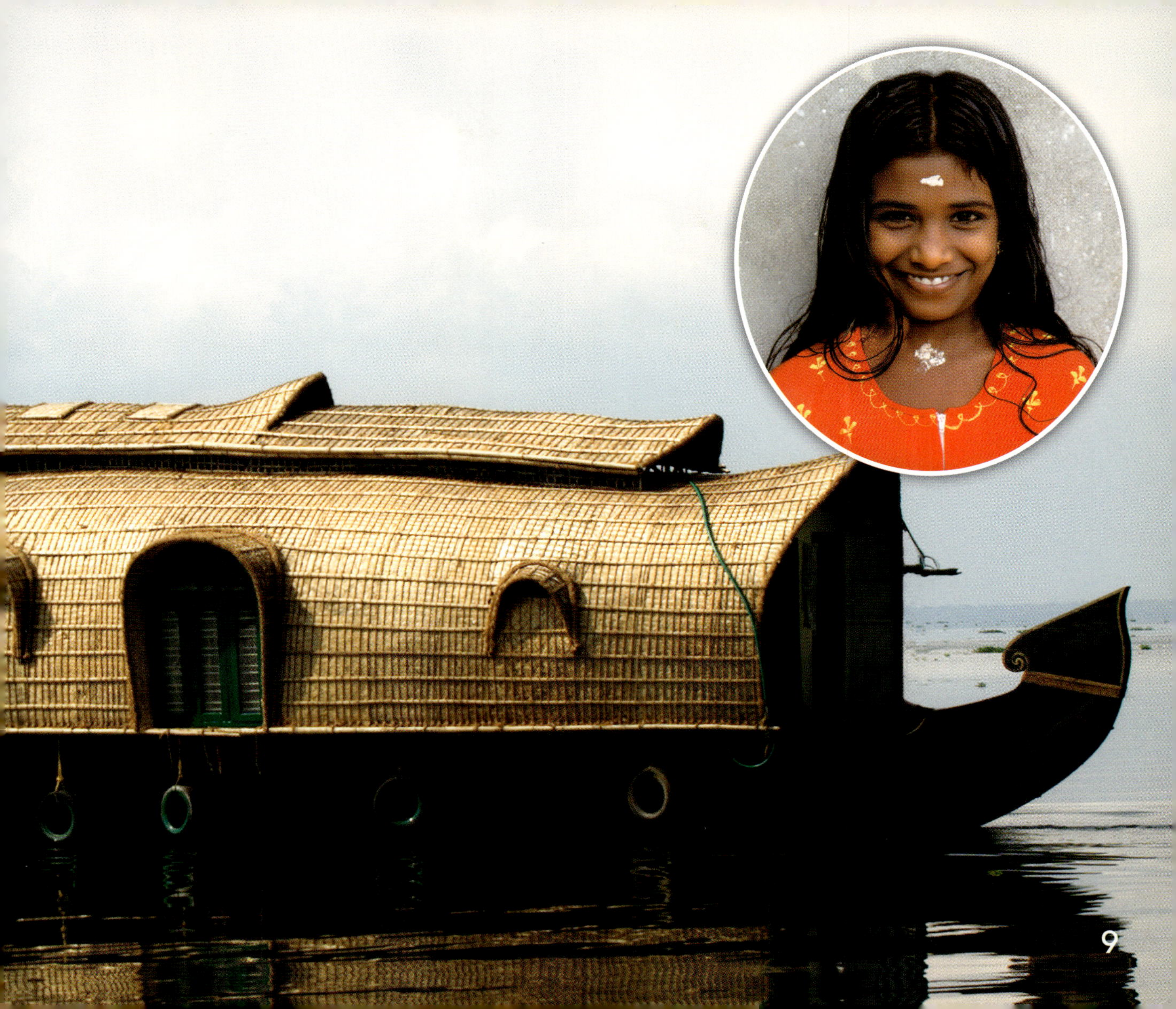

Mira mi carpa .

11

Mira mi 🏠.
iglú